BEI GRIN MACHT SICH IHR WISSEN BEZAHLT

- Wir veröffentlichen Ihre Hausarbeit, Bachelor- und Masterarbeit

- Ihr eigenes eBook und Buch - weltweit in allen wichtigen Shops

- Verdienen Sie an jedem Verkauf

Jetzt bei www.GRIN.com hochladen und kostenlos publizieren

Bibliografische Information der Deutschen Nationalbibliothek:

Die Deutsche Bibliothek verzeichnet diese Publikation in der Deutschen Nationalbibliografie; detaillierte bibliografische Daten sind im Internet über http://dnb.d-nb.de/ abrufbar.

Dieses Werk sowie alle darin enthaltenen einzelnen Beiträge und Abbildungen sind urheberrechtlich geschützt. Jede Verwertung, die nicht ausdrücklich vom Urheberrechtsschutz zugelassen ist, bedarf der vorherigen Zustimmung des Verlages. Das gilt insbesondere für Vervielfältigungen, Bearbeitungen, Übersetzungen, Mikroverfilmungen, Auswertungen durch Datenbanken und für die Einspeicherung und Verarbeitung in elektronische Systeme. Alle Rechte, auch die des auszugsweisen Nachdrucks, der fotomechanischen Wiedergabe (einschließlich Mikrokopie) sowie der Auswertung durch Datenbanken oder ähnliche Einrichtungen, vorbehalten.

Impressum:

Copyright © 2013 GRIN Verlag
Druck und Bindung: Books on Demand GmbH, Norderstedt Germany
ISBN: 9783668637306

Dieses Buch bei GRIN:

https://www.grin.com/document/412277

John Dorsch

Identität in Kafkas "Josefine die Sängerin oder Das Volk der Mäuse"

GRIN Verlag

GRIN - Your knowledge has value

Der GRIN Verlag publiziert seit 1998 wissenschaftliche Arbeiten von Studenten, Hochschullehrern und anderen Akademikern als eBook und gedrucktes Buch. Die Verlagswebsite www.grin.com ist die ideale Plattform zur Veröffentlichung von Hausarbeiten, Abschlussarbeiten, wissenschaftlichen Aufsätzen, Dissertationen und Fachbüchern.

Besuchen Sie uns im Internet:

http://www.grin.com/

http://www.facebook.com/grincom

http://www.twitter.com/grin_com

Eberhard-Karls-Universitat Tubingen
Neuphilologische Fakultat
Einführung in die Internationale Literatur
WiSe 2012/2012

16.1.2013

Identität in Kafkas *Josefine, die Sängerin oder Das Volk der Mäuse*

John Joseph Dorsch III

HF: Philosophie
NF: Internationale Literaturen

Inhaltsverziechnes

Abstract   S.3
I Identität in Josefine, die Sänger oder das Volk der Mäuse   S.3
II Verteidigung   S.5
III Unterstützung   S.7
IV Schluss   S.8
Bibliographie   S.9

Abstract

Using the terminology of French literary theorist Gérard Genette and the aestheics of German philosopher Aruther Schopenhauer, this essay seeks to determine the *voice* and *mood* of the narration in the short story *Josefine, oder die Sängerin und das Volk der Mäuse* by Franz Kafka. From the outset, this essay seeks to determine the identity of the narrator and argues that it is not to be equated with any statements made about the mouse folk nor that it is to be understood as a kind of third character – such as an art critic. By investigating the sections of the story in detail and ignoring the biographical data of the author--despite its possible support--the essay argues that the narrator is actually Josefine, the singer, herself—thereby giving new meaning to the title. For this reason, the conclusion of this essay is that the narration understood now as being told by the main character is *homo-diegetic*, *extra-diagetic*, and possess an *internal focalization*.

I - Identität in *Josefine oder das Volk der Mäuser* : Erzähler, Volk, und Josefine

Beim Versuch die Identität der drei 'Charaktere' (Erzähler, Volk, und Josefine) auszulegen, ist ein im Text auftauchender Widerspruch der Identität des Erzählers zuerst zu behandeln. Nachdem dieser Widerspruch *weggeräumt* und dies für vernünftig erklärt ist, kann derer Identität festgelegt werden. Jedoch ist die Aufhebung des Widerspruches der erste Schritt dieser Arbeit und wird uns auf wesentliche Ergebnisse bringen. Falls dieser Widerspruch unerklärt verharrt, wird man bei der Festlegung der Identität irregeführt.

    Am Schluß der Geschichte schreibt der Erzähler, dass „*wir* keine Geschichte treiben" (meine Betonung).[1] Gesetzt, dass dies der Fall sei, wie ist diese Erzählung von Josefine und das Volk zu verstehen? Ist nicht das, was der Erzähler betreibt, Geschichte zu treiben? Mit der zweifache Bedeutung des Wortes kann das Wort 'Geschichte' entweder historisch oder literarisch verstanden werden.[2] Diese Erzählung lässt sogar beides zu. Der Erzähler nimmt die Geschichte (*History*) der Josefine auf und erzählt die Geschichte (*Story*) von Josefine und dem Volke. Es könnte argumentiert werden, dass die Erzählung eine Art Rede oder ein *Stream of Consciousness a la* Joyce sein könnte und daher ergibt sich kein schriftlicher Nachlass. Jene Interpretation hieße, dass die Erzählung keine Geschichte wäre. Dennoch bei der Ablehnung jener Interpretation, bleibt nichts anders übrig als von einem Identitätsunterschied zwischen dem *Wir* und dem Erzähler auszugehen. Sonst gerät

---

[1] Kafka, Franz: Josefine, die Sängerin oder Das Volk der Mäuse, In: Die Erzählung. 11. Auflage. Frankfurt am Main: Fischer Verlag 2010 S.538.
[2] Wobei nach Derrida können wir nicht überhaupt von Genre reden.

die Interpretation in Widerspruch.

Jetzt wird die Frage nach der Bedeutung von *Wir* erhoben. Sicherlich befindet sich die erste Instanz von *Wir* nicht an jener Stelle der Erzählung. Diese Stelle ist sogar dessen letzte Erwähnung. Bei der ersten Überlegung scheint man *Wir* mit dem Volke gleichsetzen zu können. Dies zu behaupten wäre allerdings irreführend. In der Erzählung existieren zwei qualitätiv verschiedene Völker, welche durch die Zeit und derer verschiedenen Unternehmungen getrennt sind. Es gibt ein ehemaliges Volk, welches Musik hatte und sie als Überlieferungen aufbewahrte[3], d.h. es gab ein musikalisches Volk, das Geschichte betrieb. Jedoch wird das aktuelle Volk vom Erzähler als unmusikalisch und keine Geschichte betreibend beschrieben. Nach sowohl seiner Meinung als auch der Meinung von Josefine ist das aktuelle Volk nicht fähig Musik zu verstehen.[4] Daher bezieht sich das *Wir* auf das zeitgenossiche unmusikalische Volk.

Eine Bedingung für die Identität der Charaktere sollte nun auf uns dämmern. Aufgrund dessen, dass das Volk unmusikalisch ist, können keine musikalische Leute mit dem Volke gleichgesetzt werden. In anderen Worten, falls Josefine Musik betreibt, sollte man Josefine nicht innerhalb der Menge des 'Wir' betrachten. Obwohl der Erzähler es explizit ins Wort setzt, dass Josefines Gesang ein Pfeifen sei[5], verleugnet das nicht den musikalischen Status ihres Gesanges. Meiner Auffassung nach ist dies das Hauptargument des Erzählers: Der Gesang sei sowohl Pfeifen als auch Musik. Zur Unterstützung meiner Auffassung führe ich zwei Stellen an.

> „Etwas von der armen kurzen Kindheit ist darin, etwas von verlorenem, nie wieder aufzufindendem Glück, aber auch etwas vom tätigen heutigen Leben ist darin... Pfeifen ist die Sprache unseres Volkes,
> ... hier aber ist das Pfeifen freigemacht von den Fesseln des täglichen Lebens und befreit auch uns für eine kurze Weile"[6]

Anhand dieser Stellen sieht man ein, dass der Erzähler davon überzeugt ist, dass Josefine zwar pfeift aber auch Kunst betreibt. Jene Befreiung erinnert an die Ästhethik von Schopenhauer; demgemäß befreit die Musik den Zuhörer von den *Passionen*.[7] Da sie einerseits die Musik und der Erzähler andererseits die Geschichte betreibt, ist sowohl der Erzähler als auch Josefine nicht mit den Aussagen über das Volk gleichzusetzen. Darüber hinaus muss die Musikalität des Erzählers hervorgehoben werden. Damit der Erzähler seinen Urteil fällen kann, muss er auch über das Erkenntnis der Musik verfügen. Die Schlussfolgerung, dass der Erzähler nicht unter dem Volke zu verstehen ist, wird durch seine ausschließende Musikaltät bestätigt.

---

[3] S.519.
[4] Josefine S. 522 und der Erzähler S.527 und S.529.
[5] S.531.
[6] Ibidem.
[7] Schopenhauer, Arthur: Die Welt als Wille und Vorstellung, Köln 1997 Erster Band § 52.

Nun ist der Widerspruch also aufgehoben: wenn der Erzähler von *Wir* schreibt, meint er nicht sich selbst. Allerdings stellt das Ergebnis zwei Fragen. (1) Warum verzichtet er auf 'ihr' und 'eure' oder 'sie' und 'ihre'? Wenn er eine dritte Person wäre (jemand wie ein Kunstkritiker oder ein anderer Künstler), dann hätte er höchstwährscheinlich kein Problem, die zweite Person Plural zu verwenden. Dennoch könnte es der Fall sein, dass er aus rhetorischen Gründen durch das *Wir* das Mitgefühl in seinem Publikum erwecken möchte. Angenommen dies wäre der Fall, dann wäre die zweite Frage schwierig zu beantworten: (2) Warum ist seine *dritte Personheit*[8] durch ein Rätsel überhaupt zu lösen? Entweder irrte sich der Erzähler, indem er diesen Widerspruch aufstellt, oder er intendiert den Widerspruch, damit seine Identität gelöst werden könnte. Gesetzt es sei kein Fehler, dann können wir davon ausgehen, dass der Erzähler möchte, dass der Leser auf dieses Ergebnis kommt: Er sei dem Volke nicht identisch und besitze eine verschiedene Identität als die, die man ursprünglich darunter versteht. Wie es mir dünkt wäre dies allzu komplex, um der Motivation eines einfachen Kritikers zu entsprechen.

Aufgrund dessen, dass ich mit jener Erklärung unzufrieden bin, interpretiere ich dieses Phänomen wie folgt: Der Erzähler ist tatsächlich die Sängerin Josefine, die nach ihrem Verschwinden die Schrift (oder *ein neues Mittel*) verwendet, um ihren Kampf um Anerkennung zu steuern. Dies ist meiner Meinung nach die einzige Interpretation, welche jenen intendierten Widerspruch hinreichend erklären kann. Was (1) betrifft, gibt Josefine ihre Idenität nicht preis, damit das Argument für ihre künstlerischen Fertigkeiten als unbefangen erscheint. Die Anwort auf (2) ist nun: Sie stellt den Widerspruch auf, damit es ausgelegt werden könnte, dass sie der Autor der Erzählung ist. Jene Auslegung würde ihre Anerkennung als Künstlerin steigern, ohne das in der Erzählung geäußerte positive Urteil ihres Gesangs zu verleumden.

Damit diese Interpretation verteidigt werden kann, muss Folgendes unternommen werden: Anhand des Textes sollen die Stellen untersucht werden, in welchen Josefine und der Erzähler anderer Meinung sind. Dies sollte kein Widerspruch zu meiner Interpretation ergeben. Um meine Interpretation zu unterstützen werde ich auf jenen Stellen des Textes eingehen, an welchen die schriftliche Erzählung zum Wesen Josefines gehört. Vermöge deren Auseinandersetzung sollte meine Interpretation logisch zugrunde gelegt werden.

II - Verteidigung

In der Erzählung gibt es vier Stellen, an welchen der Erzähler und Josefine gegensätzlicher

---

[8] Aufgrund dessen, dass die Person (erste, zweite,etc.) des Charackters bei seiner Identität eine Rolle spielt, führe ich dieses Wort 'Personheit' an.

Meinung sind. Die erste handelt vom Wesen ihres Gesangs, ob er ein Pfeifen oder ein Singen sei. Zweite Stelle betrifft die Kraft, welche ihr Gesang auf das Volk ausübt.[9] Dritte ist die Erörterung, ob Josefine das Volk beschützt oder andersherum.[10] Letzte ist die Stelle kurz vor dem Schluss, welche die mögliche Verkürzung der fragbare Koloraturen betrifft. Seit der aristotelischen Logik kann eine Aussage nicht zugleich eine Bejahung und eine Verneinung sein. Daher muss der Gegensatz der Meinungen weggeräumt werden, bevor wir behaupten können, dass Josefine und der Erzähler dieselbe Person sind..

 Diese Gegensätze können durch zwei Möglichkeiten aufgehoben werden. Die erste Möglichkeit wäre der Fall, wenn es einen zeitlichen Abstand zwischen den Äußerungen der gegensätzlichen Meinungen gäbe. In anderen Worten hat die Person späterhin ihre Meinung geändert. Diese Möglichkeit erklärt uns allerdings nichts von der Motivation. Daher fahre ich zu der zweiten Möglichkeit fort. Die zweite Möglichkeit wäre der Fall, dass die Person ihr Leben derart betrachtet, dass sie zwei verschiedene oder ggf. gegensätzliche Rollen spielen müsste; ähnlich der Behauptung Nietzsches, dass man zwischen einem *vita contemplativa* und einem *vita activa* entscheiden müsse.[11] Mit Hilfe jener Ethik könnte dies eingesehen werden, dass Josefine als Sängerin das *vita activa* und als Erzähler das *vita contemplativa* führt. Somit stehen die verschiedenen Meinungen nicht im Widerpruch zueinander. Vereinfacht ausgedrückt, nimmt Josefine bei der Erzählung ihrer Geschichte eine krtitische Rolle ihrem Leben gegenüber ein.

 Damit diese Interpretation besser verstanden werden kann, führe ich ein Beipsiel aus dem Text ein. Das Beispiel handelt von der Erzählung eines Gerüchtes.[12] Josefine will angeblich die Koloraturen ihres Gesangs verkürzen. Der Ursprung dieses Ereignisses könnte zweierlei ausgelegt werden. Erste Möglichkeit: Das Volk hat das Gerücht verbreitet. Dies wäre unplausibel, da das Volk keine Ahnung von Musik hat. Zweitens Josefine hätte selbst das Gerücht als Bedrohung verbreiten können, um den Kampf um Anerkennung weiterzuführen. Diese Auslegung scheint die vernünftigste zu sein, da sie mit unserem Verständnis von Josefine übereinstimmt. Sei es nun jener Fall, sehen wir ein, worin der Widerspruch liegt. Der Erzähler ist der Meinung ist, dass es keine Koloraturen in ihrem Gesang überhaupt gab. Anderseits, wenn Josefines Bedrohung lediglich das war – eine Bedrohung – und es kein Gefahr gäbe, weil es keine Koloraturen gab, dann wäre dies kein Widerspruch. In einfachen Worten hat Josefine, nach meiner Interpretation, komplett gebluft. Nun stimmen nicht nur die Meinungen sondern auch die Fähigkeiten von Erzähler und Josefine überein: Beide wissen nichts von Koloarturen.[13] Am Schluss dieses Ereignisses stellt sich heraus,

---

[9] S.524.
[10] S.531.
[11] Nietzsche, Friedrich Morgenröte In: Friedrich Nietzsche: Werke in drei Bänden, München 1954 Band 1, §41.
[12] S.535.
[13] S.535.

dass Josefine die Entscheidung trifft, keinen Koloraturen mehr zu singen.[14]

III - Unterstützung

Durch den Erzähler werden wir über Josefines Kampf um Anerkennung informiert. Sie habe am Anfang lediglich Worte (nicht Wörter) benutzt, und „jetzt fängt sie an, andere Mittel anzuwenden, die ihrer Meinung nach wirksamer, unserer Meinung nach für sie selbst gefährlicher sind"[15] Wir lesen von drei Ereignissen: von der Verbreitung der Gerüchte, von einer angeblichen Fußverletzung, und schließlich von Josefinens Verschwinden. Angenommmen, man versteht die Ereignisse als Mittel, drängt sich die Frage auf, inwiefern diese neuen Mitteln gefährlicher sein können. Dies wird allerdings nicht erklärt. Es könnte argumentiert werden, dass der Erzähler mit jener Aussage ihr Verschwinden andeutet. Jedoch wäre diese Aussage mit jener Auslegung problematisch zu verbinden: „Vieleicht hat sie sogar deshalb den Kampf um ihr Recht aus dem Gebiet des Gesanges auf ein anderes ihr wenig teueres verlegt."[16] Das hieße soviel wie: Sie verlegt den Kampf um ihr Recht aus dem Gebiet des Ganges auf das Gebiet des Nichts. Jener Auslegung hälte ich für dürftig.

    Wenn das neue Gebiet im Gegensatz zum Gesang gestellt wird, wird ein verschiedener Kunstgebiet damit implizitiert; zugebenermaßen ist dieser Zusammenhang nicht notwendig. Nach meiner Interpretation ist das neue Mittel (wie vorher angedeutet) die Schrift, welche durch diese Erzählung zum Vorschein gebracht wird. Meiner Auffasung nach meint der Erzähler die Schrift, als er von jenem anderen Gebiet erzählt. Jetzt gibt es lediglich eine Bedingung zu erfüllen, damit dieses Mittel mit den Aussagen des Erzählers völlig überstimmt. Leider existiert keine direkte Behauptung über die Schrift, damit diese Interpretation perfekt zusammenpasst. Irgendwie muss die Schrift für Josefine nach der Meinung des Volkes gefährlicher als ihr Gesang sein.

    Wir wissen schon, dass ihr Pfeifen nach der Meinung des Erzählers wahrscheinlich den Feind anlockt; wobei wie ihr Pfeifen dies zustande bringt, wird nicht erklärt. Entweder lockt das Geräusch ihres Pfeifens den Feind an oder ihr Gesang 'an sich'. Einerlei welches der Fall wäre, könnten beide derart ausgelegt werden, damit die Schrift gefährlich sein könnte. Beide Fälle erwecken die Aufmerksmkeit des Feindes. Dies bedeutet, dass die auffällige Anwesenheit des Volks das Volk gefährden könnte. Das Geschriebenes, falls es in Kontakt mit dem Feinde träte, würde Aufmerksamkeit vor allem auf den Autor, in diesem Fall auf Josefine, lenken.

---

[14] Wenn sie die Koloaturen überhaupt gesungen hat.
[15] S.534.
[16] S.535.

Desweitern ist der wesentliche Unterschied zwischen den Völkern zu betonen: der Betrieb von Kunst und Geschichte. Konzis ausgedrückt, verzichtet das aktuelle Volk auf die Musik und die Geschichte und vielleicht sogar die Schrift überhaupt. Wenn der Erzähler uns erklärt, warum das Volk kein Verständnis für Musik habe, schreibt er von der Gefahr für das Leben und betrachtet sie als Grund dafür, dass sich das Volk auf das Pfeifen 'zurückgezogen' hat. Vorausgesetzt, dass die Gründe für den Verzicht auf die Musik den Gründen für den Verzicht auf die Geschichte entsprechen, dann wäre es vernünftig zu behaupten, dass dies auch für die Schrift gälte. Es könnte so verstanden werden, dass jener intellektuelle Betrieb der Grund wäre, dass der Feind erschien. Zurück zu den Künsten zu gehen oder wieder mit der Schrift anzufangen hieß Josefine zu gefährden.

IV – Schluss

Zum Schluss will ich kurz auf die Terminologie von Genette eingehen, um meine Interpretation dementsprechend auszudrücken. Wie ich in diesem Essay zeigte, ist die Interpretation von dem Zusammenfallen der Idenität der Charaktere Josefine und Erzähler auf eine logische und eine vernünftige Basis gelegt. Demzufolge ist die Erzählung sowohl über als auch von Josefine zu verstehen. Daher ist diese Erzählung nach meiner Auffassung *homodiegetisch;* d.h., der Narrator erzählt über sich selbst. Weil Josefine die Ereignisse von außen erzählt, befindet sich die Erzählung auf der höchsten Ebene der Narration, d.h. *extradiegetisch*. Nach meiner Interpretation kann der Erzähler lediglich das wissen, was Josefine - der fokale Charakter - weiß. Deshalb verfügt die Erzählung über eine *internale Fokalisierung*.

Bibliographie

Primäre Literatur

Kafka, Franz: Josefine, die Sängerin oder Das Volk der Mäuse, In: Die Erzählung. 11. Auflage. Frankfurt am Main: Fischer Verlag 2010.

Sekundär Literatur

Nietzsche, Friedrich: Morgenröte In: Friedrich Nietzsche: Werke in drei Bänden, Band 1. München 1954

Schopenhauer, Arthur: Die Welt als Wille und Vorstellung, 1. Band. Köln 1997

BEI GRIN MACHT SICH IHR WISSEN BEZAHLT

- Wir veröffentlichen Ihre Hausarbeit, Bachelor- und Masterarbeit

- Ihr eigenes eBook und Buch - weltweit in allen wichtigen Shops

- Verdienen Sie an jedem Verkauf

Jetzt bei www.GRIN.com hochladen und kostenlos publizieren